ESSAI
SUR
LE BON GOUST EN MUSIQUE.

Par M. GRANDVAL.

Le prix est de quinze sols.

A PARIS,
Chez PIERRE PRAULT, Quay de Gêvres, au Paradis.

M. DCC. XXXII.

Avec Approbation & Privilege du Roi.

PREFACE.

VOus m'ordonnez, Madame, de vous donner une idée claire & nette du Bon Goût en Musique. Sans vouloir faire le modeste à contre-tems, je vous dirai que vous pouviez vous adresser beaucoup mieux que vous ne faites; & que de tous ceux qui pourroient vous satisfaire sur cette matiere, je suis peut-être celui qui en est le moins capable.

Ce que vous exigez de moi n'est pas peu de chose. Je connois mes forces; & la grandeur de l'entreprise me fait trembler avec juste raison.

Comme je n'ai point lû d'Auteur qui ait traité du Bon Goût,

même en general, & que je ne ſçache pas qu'aucun en ait traité en Muſique, je crains d'entamer une matiere ſi neuve & ſi difficile.

Cependant, comme je me ſuis toûjours fait une loi indiſpenſable de vous obéïr, je vais tâcher de m'en acquitter le moins mal qu'il me ſera poſſible, & vous expoſer ce que plus de vingt années d'aſſiduité à l'Opera, un long commerce avec toute ſorte de Muſique & de Muſiciens diſtingués, de longues réfléxions, & une étude approfondie, m'ont fait conclure ſur le Bon Goût.

Tenez-moi compte, Madame, de mon obéïſſance, & qu'elle faſſe excuſer le défaut de capacité.

ESSAI
SUR
LE BON GOUST
EN MUSIQUE.

IL y a (ſelon moi) deux grandes manieres de connoître les bonnes & mauvaiſes choſes. Le Sentiment interieur, & les Regles. Nous ne connoiſſons le Bon & le Mauvais que par ces deux voïes.

Ce que nous entendons, nous plaît ou nous déplaît. Qu'on écoute ce ſentiment interieur, on dira: *il me ſemble que cela eſt bon*, ou, *il me ſemble que cela eſt mauvais.*

D'autre côté, les Maîtres, les Gens ſçavans ont établi des Preceptes ſuivant les obſervations qu'ils avoient faites. C'eſt ce qui leur a parû de meilleur & de plus ſûr. Ces Préceptes établis, ſont ce qu'on appelle les Regles, & c'eſt par elles qu'on dira: *cela eſt bon ou mauvais par telle ou telle raiſon.*

Mais comme ce ſont des hommes qui ont établi ces Régles, ils pouvoient ſe tromper. Leur autorité eſt conſiderable, mais enfin ce n'eſt pas une loi infaillible.

Le Sentiment interieur n'eſt pas plus ſûr, parce qu'on doit ſe défier chacun du ſien. Qui oſe ſe flater d'avoir un naturel heureux en qui les idées du Bon, du Beau, du Vrai, ſoient certaines & claires?

Nous pouvons avoir aporté au monde le fond de ces idées plus ou moins claires; mais nous avons reçû depuis notre naiſſance, mille fauſſes impreſſions, mille préjugés dangereux qui peuvent avoir affoibli en nous la voix de la bonne nature.

Dans cette incertitude, je crois que le reméde eſt de joindre au Sentiment interieur, l'apui des Régles: affermir l'un par l'autre; bien écouter, bien demêler le Sentiment interieur, l'épurer enſuite par l'aplication des Régles. Voilà l'art de juger ſûrement.

Mais, direz-vous, une perſonne qui auroit toûjours vêcu renfermée avec des gens qui ne lui auroient point donné d'impreſſions fauſſes, jugeroit-elle de la Muſique ſûrement la premiere fois qu'elle en entendroit? Je le crois, pourvû qu'elle fût née avec de l'eſprit & un naturel heureux, & qu'outre cela, elle eût une connoiſſance raiſonnable de la langue en quoi ſeroient les paroles; je m'imagine qu'elle s'écrieroit à la Scene d'Armide,

Enfin il eſt en ma puiſſance &c.

ah la belle Muſique! & qu'elle pleureroit à la Scene,

Le perfide Renaud me fuit &c.

Le bon goût ſe diſtingue à juger, par leurs degrez, les bonnes choſes, les mauvaiſes, les médiocres, les excellentes & les déteſtables.

Il y a des gens qui reçoivent tout indifferemment ; qui ne mettent aucune difference entre Armide & Psiché, quoique l'un soit ravissant & l'autre mediocre. Dans les airs nouveaux qui courent, ils oublieront celui qu'on leur donna hier, fût-il admirable, pour chanter celui qu'on leur a donné ce matin, quelque plat qu'il soit ; & cela, parce qu'il est plus nouveau. C'est cet amour de la nouveauté qui fait prendre, sans choix, tout ce qui se presente. En prenant ainsi l'air le premier venu, on tombe dans cette indifference pour l'exquis ; aulieu, qu'au contraire, en choiſiſſant & ſe nourriſſant de bonne Muſique, on né s'accoûtumeroit pas à en goûter de fade.

Il y a dans les Arts un point de perfection. Celui qui le ſent a le Goût parfait. Celui qui ne le ſent pas & qui aime en deçà ou au-delà, a le Goût défectueux.

Ainſi donc, le bon Goût eſt le Sentiment naturel purifié par les Régles; il conſiſte à ſçavoir eſtimer les choſes ce qu'elles valent, & à s'y attacher à proportion qu'elles ſont eſtimables.

Mais, que faut-il pour acquerir ce profond diſcernenent? Deux choſes indiſpenſables. Avoir de l'Oreille, & ſçavoir raiſonnablement la Muſique. SansOreille, on travaille en vain à ſe rendre connoiſſeur.

Je me trouvai, un jour, à un eſpece de petit Concert de deux ou trois perſonnes; Concert qui n'étoit pointprémedité, & que l'occaſion ſeule fit naître. Une jeune Demoiſelle qui ſçavoit paſſablement la Muſique, mais qui manquoit abſolument d'Oreille, chanta une Scene entiere, un grand demi-Ton trop haut, ſans s'en apercevoir. Le Pere qui n'avoit pas plus d'Oreille que la fille, mais qui en revanche avoit beaucoup de bonne opinion de ſon diſcernement, ne ceſſa de s'extaſier tant que dura ce charivari, & je vis l'heure qu'il ne tint qu'à lui de ſe pâmer. Il ne lui manquoit plus pour la perfection de ce Concert, que d'y vouloir fourrer une Trompette marine, comme en vouloit Monſieur Jourdain. (*a*)

Ce n'eſt pas qu'il ne ſe trouve quelquefois de certaines perſonnes qui ſans avoir quaſi d'Oreille, & ſans ſçavoir de Muſique, jugent aſſez bien,

(*a*) Bourgeois Gentilhomme. Act. 2. ſce. 1.

mais ce ſont de ces naturels rares qu'aucune mauvaiſe impreſſion n'a pû gâter.

Il y a de deux ſortes d'Oreilles; une pour le Son, l'autre pour la Meſure ou le Mouvement.

L'Oreille pour le Son, eſt celle qui eſt bleſſée d'un faux Ton, qui fait connoître quand on chante ou qu'on touche faux. Celle-là eſt impoſſible à donner.

Celle pour le Mouvement fait chanter de Meſure, fait connoître quand on en eſt ſorti, & enſeigne l'éxacte préciſion de la valeur des Tems.

Il y a des gens qui ont l'une au ſuprême degré & à qui l'autre manque entierement. J'ai connu des Muſiciens qui avoient l'Oreille du Son ſi parfaite, qu'ils auroient diſcerné juſqu'à un demi Coma (*a*) de fauſſeté, & qui ne pouvoient danſer un Menüet en cadence ; & des Maîtres à danſer qui ne s'appercevoient pas quand on chantoit faux.

J'ai dit qu'il étoit néceſſaire auſſi que l'on eût fait un peu de Muſique, parce qu'il eſt beſoin que le Sentiment s'apuie ſur les Régles, & que ces Régles ont relation à des

(*a*) Coma eſt la 9e. partie d'un Ton.

connoiſſances qui deviennent eſſentielles. Il ne meſſied pas d'avoir un peu de Science; le bon Goût ne va guere ſans cela.

En Muſique comme dans les autres Arts, on doit ſe garder de cette erreur pernicieuſe & ſi répanduë dans le monde, *que l'eſprit ſupplée à tout.* Chaque Art a des preceptes que l'Eſprit n'enſeigne point & ne ſçauroit enſeigner. Une perſonne qui a envie de juger des ouvrages de nos Compoſiteurs, ne doit pas croire comme le Marquis de Maſcarille (*a*) *que les gens de qualité*

(*a*) Precieuſes ridicules, Sce. 8.

ſçavent tout ſans avoir jamais rien apris. On doit aprendre la Muſique au moins mediocrement, & ne pas s'imaginer qu'une Tierce & un Triton ſont la même choſe, à cauſe que ces mots ont du raport.

Quoi! s'écriera quelqu'un (ce ne ſera pas vous, Madame, qui ſçavez non-ſeulement la Muſique, mais encore la Compoſition) quoi, dis-je, s'écriera quelqu'un, me voilà dans l'obligation d'aprendre à ſolfier! Si je n'apprends à déchiffrer un papier de Muſique, je ne me connoîtrai point aux beautés d'un Air? C'eſt la plus petite choſe du monde. Si l'on ne ſçait pas ſolfier, trois ou quatre mois ſuffiſent. Si on l'a oublié, un mois d'exercice au plus, y remet aiſément. Au pis aller, cela n'obligeroit qu'à étudier ce qu'on auroit autrefois éxecuté ſur le champ.

Il eſt ſur tout néceſſaire de ſçavoir promptément connoître le Ton majeur & le Ton mineur, y avoir l'Oreille bien rompuë, afin d'être d'abord ſenſible à la difference de l'un & de l'autre, & c'eſt pour cela qu'il n'y a rien de ſi dangereux que d'être commencé par de mechans Maîtres, ſoit à chanter, ſoit à joüer des Inſtrumens, ſoit à danſer : ils vous donnent un mauvais pli, de mauvais principes, ils vous gâtent la Voix, la main, la jambe, & (qui pis eſt) vous gâtent encore le Goût, loin de vous en donner. Il eſt rare qu'on en revienne.

Pour parvenir à ce bon Goût dont il eſt queſtion, il faut s'accoûtumer à juger ; à mettre en œuvre les lumieres du ſentiment naturel & celles qu'on a acquiſes, & à former un jugement ſur la Muſique qu'on entend.

J'ai pris garde à l'Opera & aux Concerts, que pluſieurs perſonnes ne jugent point. Chacun tâche de lire dans les yeux des autres, ce qu'il doit penſer de ce qu'il vient d'entendre. Un ſouris de celle-ci, un branlement de tête de celui-là, ſouvent cauſés par haſard, ou par des circonſtances étrangeres à la Muſique, font aprouver ou déſaprouver. Cela eſt d'un Auteur fameux, on aplaudit : ceci eſt d'un Muſicien peu connu, on ſifle. Un ſuccès fauſſement annoncé, un bruit ſemé par la brigue, un mot dit par un étourdi, le caprice, la bonne ou mauvaiſe humeur, pouſſe à loüer ou à blâmer. Quelle pitié d'être en proye à de ſi pitoïables préjugés !

Pour juger juste, on doit commencer par écarter ces foiblesses. On doit porter une âme dégagée & prête à recevoir les impressions de la Nature & du bon Sens, & ne pas demander, ai-je du plaisir?

Il faut se demander à soi-même; cet Air m'a-t-il flatté l'oreille? m'a-t'il émû le cœur? ouy. Voilà la voix du Sentiment interieur qui aprouve. Reste à consulter les Régles & à épurer ce sentiment par leur décision.

Il y en a de grandes & de petites; les petites, sont celles de la Composition: comme les fautes de versification sont condamnables dans les meilleurs Poëtes, les fautes de Composition le sont dans les meilleurs Musiciens; un Air où il s'en rencontre de grossieres, perd de son prix.

Voici les grandes. Une Musique doit être naturelle, expressive & harmonieuse: Premierement, naturelle ou plûtôt simple, car la simplicité est la premiere marque du naturel. En second lieu, expressive. En troisiéme lieu, harmonieuse. Ce sont ces trois grandes Régles dont on a à faire l'aplication aux Airs que le sentiment interieur a approuvés, & ce sont elles qui décident en dernier reſſort.

Mais, qu'apellez-vous en mots précis, naturel, ſimple, &c. Termes dont les connoiſſeurs font leur épée de chevet? J'apelle à la lettre, naturel, ce qui eſt composé de Tons qui s'offrent naturellement; ce qui n'eſt point composé de Tons bizares & extraordinaires. J'apelle ſimple, ce qui n'eſt point chargé plus qu'il ne faut d'agrémens. J'apelle expreſſif, un Air dont les Tons conviennent parfaitement aux Paroles, & une Symphonie qui exprime ce qu'elle veut exprimer. J'apelle harmonieux, melodieux, agreable, ce qui contente, ce qui chatoüille les oreilles; d'où je concluë qu'une Musique plus prétintaillée qu'il ne faut, qu'une Musique qui n'a jamais un juste raport à ce qu'elle répresente, n'est point expressive; qu'une Musique qui n'est point suivie, qui affecte d'être inégale, cahotante, furieuse, n'est ni harmonieuse, ni melodieuse, ni agréable.

Il ne faut pas, au reste, confondre la belle simplicité, avec la pauvreté & l'ignorance.

Du tems du vieux Guedron (aujourd'hui le Patriarche des Musiciens) d'Orlande Lasſus, du jeune & du vieux Claudin, il eſt certain que notre Muſique étoit pauvre. Nous n'avions aucune teinture de la bonne. Boëſſet fut le premier qui dans ſes Airs tendres & bachiques, en donna quelque idée. Le Camus dans ſes Airs gemiſſans, le ſuivit de très-près. Lambert qui vint enſuite, les ſurpaſſa tous deux. Il introduiſit des Sons touchans, il aprit à ſoûtenir & battre la cadence, mit de l'expreſſion, & enfin,

D'un Ton mis en ſa place enſeigna le pouvoir.

Mais avec un beau Naturel & de beaux Chants, outre la petitesse de vouloir faire des doubles à tous ses Airs, il étoit si peu Musicien, que la plus grande partie de ses Basses feroient honte aujourd'hui à un Ecolier de composition de trois mois. D'ailleurs toute sa Musique se ressemble : elle est faite par tout sur le même moule,

Et malgré son Recüeil que Ballard vendit cher,
Phœbus a décidé qu'il n'avoit fait qu'un Air.

J'aimerois encore mieux trop de simplicité, que cette force excessive de Musique que qu'elquesuns affectentdemettre où il n'en est pas besoin. Il en est comme de la force des odeurs, qui blesse au lieu de flatter. Nous ne pouvons souffrir un quart d'heure, une tubereuse à un coin de notre chambre, & nous portons, tout le jour, sur nous, des bouquets de jasmin & de violette.

On pourroit reprocher cet excès à plusieurs Compositeurs de par de-là les Monts, & il semble que ces Vers ayent été faits exprès pour eux.

(*a*) Dans la juste nature on ne les voit jamais;
La raison a pour eux des bornes trop petites;
En chaque caractere ils passent les limites,
Et la plus belle chose ils la gâtent souvent,
Pour la vouloir outrer & pousser trop avant.

Ainsi malgré l'admiration a-

(*a*) Tartufe Act. 1. Sc. 5.

veugle que quantité de gens ont pour eux ; on peut s'écrier avec un grand connoisseur,

(*a*) Loin de nous ces Auteurs dont la fiere
Italie
Etale vainement la sçavante folie :
Chez eux tout est extrême, & jamais le bon sens
Ne régle leurs desseins ou trop vifs ou trop lents.

Ces travers énormes persuadent parfaitement du prix & de la necessité du bon Goût.

J'ai ouy dire, que de toutes les qualités, la Vivacité est la plus triviale & la plus commode: l'Erudition la plus chere & la plus dangereuse ; la Droiture de jugement la plus

(*a*) Poëme sur la Musique.

solide

ſolide & la plus utile, & le bon Goût, la plus rare & la plus exquiſe.

Il faut du Chant, du naturel, & ſur tout de la juſteſſe d'expreſſion. Il faut que le genie joüe; qu'il fourniſſe, mais qu'il n'abandonne jamais le vrai : autrement, quelque fécond qu'on ſoit, on eſt ſiflé. Comme il eſt plus facile de parler beaucoup que de parler juſte, de même eſt-il plus aiſé de beaucoup travailler, que de bien travailler.

Il faut pourtant rendre juſtice à tout le monde. Diſons que parmi les Muſiciens d'Italie, il s'en trouve d'infiniment aimables, & qui ſçavent joindre à la ſcience (qu'ils poſſedent en general à un plus haut degré que nous) le beau Chant & le naturel. Il y en a, entr'autres, qui ont des ſymphonies charmantes. Je ſuis toûjours au guet pour attraper de leur Muſique; je la cherche avec empreſſement, je la dévore avec avidité.

Je fais de leurs beaux Airs mes plus cheres délices;
Mais je laiſſe au vulgaire adorer leurs caprices.

Ce que je confeſſe hautement pour faire connoître que, bien loin de mépriſer leur bonne Muſique, je cours après le beau, de quelque part qu'il vienne, & ne ſçais rien de plus eſtimable que les bons Compoſiteurs d'Italie ; par malheur, de ceux-ci il eſt encore grand cherté, pour me ſervir de l'expreſſion de Montaigne. (*a*)

Pour revenir à notre propos, haïſſons l'excès ; faiſons-nous une habitude & un mérite, d'avoir, ſans quartier, du mépris & de l'averſion pour tout ce qui aura du trop. Haïſſons juſqu'à une expreſſion qui ſeroit du bon caractere, mais qui paſſeroit la meſure de force qui lui conviendroit.

(*a*) Eſſais. l. 3. chap. 13.

C'eſt un grand & difficile mérite à acquerir, que de n'outrer point la nature. Elle n'eſt pas ſi aiſée à exprimer qu'on croit. Combien d'art pour y rentrer! combien de tems, de régles, d'attention, de travail pour chanter comme on parle!

Fuyons l'affectation en quelque art que ce ſoit; n'admirons point le Taſſe (tout admirable qu'il eſt d'ailleurs) dans l'endroit où il parle des épées de deux Combattans,

Lampo nel fiammeggiar, nel rumor tuono,
Fulmini nel ferir le ſpade ſono

C'eſt-à-dire, elles brillent

comme l'éclair, elles ſont du bruit comme le Tonnerre, & elles frapent comme la Foudre.

Lorſque votre ſentiment interieur vous aura fait goûter un air qui ſera conforme aux petites régles, verifiez, en l'éxaminant ſur les trois grandes & ſur la régle de la juſte proportion, ſi votre cœur & vos ſens ne ſe ſont point trompés; après quoi, Madame, ſoyez en repos, ſoyez aſſurée que cet Air eſt vraïement eſtimable.

Voulez-vous un Air où les grandes Régles péchent? en voici un. Toute la veneration que j'ai pour ſon illuſtre Auteur, ne ſçauroit m'empêcher de le raporter. Cet Auteur a tant de choſes divines, s'il m'eſt permis de parler ainſi, que ſa reputation n'en ſouffrira pas. Cet air eſt du ſecond Acte de Phaëton.

Que l'incertitude, &c.

Il flatte l'oreille, il eſt ſimple, agréable, naturel. Eſt-il expreſſif? Non. Libie ſe plaint de l'incertitude de ſon ſort. Comment s'en plaint-elle? D'un Ton, d'un Mouvement gai. Cela vous montre que les plus grands hommes ne ſont pas infaillibles.

Au reſte, quoiqu'on ne doive pas ſe laiſſer prévenir par la reputation des Compoſiteurs ; cette réputation avantageuſe ou déſavantageuſe, peut ſervir à donner quelque aſſurance à nos jugemens déja formés. On peut fort bien dire, mon cœur, mes oreilles, toutes les régles s'accordent à me perſuader qu'un tel Air eſt charmant ; il eſt de Lully, nouveau gage de la juſteſſe de mon goût. Cet autre Air ne me flatte ni ne me touche, il n'a ni douceur ni expreſſion. Il eſt de Ch. . . . j'en juge bien, il eſt méchant. Ainſi il eſt clair que la réputation des

Compoſiteurs, qui ſeroit un indice dangereux avant de juger, en eſt un excellent pour confirmer nos ſentimens, après que nous avons jugé.

On connoît le bon ou mauvais goût à la maniere de loüer. Quand vous voudrez le faire avec diſcernement, évitez l'hyperbole autant que vous pourrez: elle ne fait jamais honneur à celui qu'on loüe; il y a des gens qui ne peuvent s'en paſſer, qui en ſont pétris; toûjours exceſſifs, ne gardant nulle moderation dans leurs loüanges. Que diriez-vous, Madame, d'un homme qui s'écrieroit avec entousiasme, *Il n'y a point dans le monde entier, d'esprit comparable à celui du divin F. . . . les ouvrages des autres près des siens, sont detestables. Tout ce qu'il fait est miraculeux; c'est le dernier effort du génie; l'esprit humain ne peut aller plus loin.* Vous diriez sur le champ: phrases outrées, qui ne prouvent rien que l'ignorance de celui qui les dit.

Celui qui sentira le prix des choses, se contentera de dire simplement & naturellement: *Monsieur de F. . . . a l'esprit fin & délicat, bon Poëte, grand Orateur, excellent Philosophe; il réüssit dans tous les gen-*

res. Mais ce ſtile eſt trop uni pour les ignorans.

Il y auroit encore un moïen de confirmer notre goût, & même d'en acquerir; ce ſeroit de frequenter & d'écouter les habiles Muſiciens de profeſſion, & les Chanteurs diſtingués de l'Opera: ils relevent quelquefois des agrémens & des défauts à quoi on ne penſoit pas, & on gagne toûjours à faire cauſer les gens du métier, ſur ce qui leur apartient. On prend ce qu'on veut de quantité de préceptes, d'idées, & d'obſervations qu'ils ont, & qu'on aplique ſouvent mieux qu'eux. Ils ſçavent les

Chroniques de la Musique. On aprend d'eux cent circonstances de la vie des Compositeurs, de la réüssite ou de la chute de leurs ouvrages, desquelles on ne laisse pas de tirer des inductions & de se former des maximes qui peuvent conduire, peu à peu, à une sureté de bon goût.

Il y a un inconvenient à les fréquenter, dit le vieillard d'une Comedie. (a) *Mauvaise compagnie que ces Musiciens de l'Opera! ils menent les gens au* Cabaret, *& il faut toûjours payer pour eùx.* Mais avec cet

(a) La Serenade, Sc. 5.

inconvenient, leur commerce est assez agréable pour excuser l'empressement general qu'on a de les avoir; puis cela ne les regarde pas tous, & il en est plusieurs polis & honnêtes gens, autant qu'on puisse l'être, & qui meritent très-fort qu'on les aime. On se fortifie le goût dans leur conversation; on y aprend la science du détail des spectacles.

Mais, me demanderez-vous, n'y auroit-il point quelqu'autre maniere moins longue & moins penible pour juger d'une Musique? quelque maniere de juger d'un coup d'œil & en abregé? Cherchezmoi un secret de soulager ma paresse, ou plutôt ma vivacité, qui reçoit à la verité, les principes que vous venez de parcourir, mais qui s'en embarrasse & qui s'en lasse. Ouy, Madame, je vous trouverai un secret de juger en abregé ; cela ne sera pas si sûr, cependant cela sera d'ordinaire juste, plus facile & plus commode.

Vous ne voulez pas vous donner la peine de faire un jugement de raisonnement ; faites un jugement de comparaison, à la maniere des Courtisans.

Il faut avoir bien dans la tête quelques morceaux de Muſique de chaque caractere ; bons & mauvais, mais bons & mauvais d'un conſentement unanime ; en connoître toutes les beautés & tous les défauts, & comparer à ces modéles ce que vous entendrez. Vous eſtimerez ceux-ci ſuivant qu'ils reſſembleront aux autres, (*a*) & l'idée de cette ſeule reſſemblance, ſelon qu'elle vous frapera plus ou moins vivement, vous fera dire avec plus ou moins de force ; *j'aime cet Air, cette Symphonie ne me plaît pas.* Le

(*a*) Je n'entends pas la reſſemblance ſervile du Chant, mais celle de la tournure & du caractere.

connoiſſeur le plus habile ne doit point négliger de joindre aux jugemens de raiſonnement, ces jugemens de comparaiſon dont il ſortira une clarté très propre à affermir nos ſentimens ; & ce goût de comparaiſon dans une perſonne d'eſprit, dans une perſonne du monde qui le ſçaura faire valoir, pourra peut-être lui ſuffire. C''eſt une facilité flateuſe pour la pareſſe, & une honnête reſſource pour l'ignorance.

On loüera toute Symphonie qui aprochera de celle qui précede :

(*a*) Qu'une injuste fierté, &c.

De la Symphonie de Logiſtille, & de la Paſſacaille d'Armide. On admirera tout Air triſte qui imitera

(*b*) Bois épais redouble ton ombre, &c.

tout Air emporté qui tiendra de

(*c*) Irritons notre barbarie, &c.

& ainſi du reſte. Le précepte n'eſt pas embarraſſé, & l'aplication n'en ſera pas ſatiguante, puiſque cela eſt à la portée des gens de la Cour, qui ſont trop occupés de leurs plaiſirs

(*a*) Galatée, Act. 2. Sc. 2.
(*b*) Amadis. Act. 2. Sc. 4.
(*c*) Amadis. Act. 2. Sc. 2

&

& de leurs interêts, pour avoir le tems d'étudier & de rêver beaucoup, & qui jugent pourtant ſi finement.

L'uſage de la Cour met dans l'eſprit les meilleurs modéles : il regne là une tradition de bonnes choſes qui n'eſt point alterée par de médiocres ; ils ne ſont que comparer ce qu'on leur préſente de nouveau, à ces modéles qu'ils ont préſens, & aprouvent ou blâment, preſqu'à coup ſûr ; & je crois qu'il y a ſouvent plus à profiter & plus à craindre auprès d'une femme de la Cour, qu'auprès du plus ſçavant homme.

Néanmoins, avant que d'être tout-à-fait ferme dans son jugement, il est bon d'entendre deux ou trois fois la Musique dont on juge; car on ne juge gueres sans temerité & sans peril, de celle qu'on n'a entenduë qu'une fois. Une Musique qui plaît encore plus la troisiéme fois que la premiere à un Auditeur qui n'est ni prévenu ni gâté, a droit de rendre son aprobation bien assurée.

Si vous persistez, après avoir joint tous les préceptes ci-dessus, à aimer une Musique que vous aurez aimée d'abord, quand toute la France entiere la ſiffleroit, croyez-là bonne.

Le grand nombre, direz-vous, doit être compté pour quelque choſe; j'en demeure d'accord: auſſi arrive-t-il rarement qu'un méchant ouvrage ait un ſuccés general, mais il arrive tous les jours que la brigue décrie une bonne Piece: témoin Britannicus, le Grondeur; Venus & Adonis, & Iphigenie en Tauride.

La plus grande partie des Auteurs s'élevent contre tout ouvrage nouveau, & ſur tout contre un homme qui commence à entrer en réputation. Ils ne ſe rendent qu'à l'extremité, & après que tout le Public s'eſt déclaré: ils ſe raprochent alors de lui, & de ce jour-là ſeulement, il prend ſon rang d'homme de mérite.

Je crois donc qu'en cas qu'il arrive qu'un ouvrage que nous aurons eſtimé ſur un jugement attentif, ſoit mépriſé du peuple, il ne faut pas ceſſer de l'eſtimer; mais ayons pour le peuple, le reſpct de ne le pas contredire ouvertement: gardons nos ſentimens en ſecret, & attendons qu'il ſe ſoit défait de ſon injuſte prévention; il n'y manquera pas.

Les bons ouvrages, dit le fameux Satirique, ſont comme un morceau de bois qu'on enfonce dans l'eau avec la main, il demeure au fond tant qu'on l'y retient ; mais la main venant à ſe laſſer, il ſe releve & gagne le deſſus.

Mais lorſqu'un ouvrage qui a tombé, demeure dans l'oubli dix, vingt, trente ans, alors il faut ceder ſans difficulté : le Public redevient libre, dès que les cabales ont ceſſé, & rentre dans ſon premier droit de donner des déciſions certaines.

Je renoncerois donc pour lors à mes ſentimens particuliers & me persuaderois de bonne foi que j'aurois mal apliqué mes principes & que je me serois trompé. Le tems est le maître des maîtres, le Juge souverain : il annulle ou confirme les sentences sans apel, parce qu'il verifie & épure les jugemens ; plus les jugemens ont d'antiquité, plus ils ont de certitude. C'est le tems seul qui met le sceau à la réputation des ouvrages.

Présentement, jugeons des degrés de valeur des Airs. Il y a là dessus des préceptes. Premierement les manquemens contre les petites régles ne sont rien au prix des défauts contre les grandes. En ſecond lieu, le plaiſir du cœur étant au deſſus de celui des oreilles, une Muſique qui peche contre les loix qui vont à toucher le cœur, peche davantage que celle qui ne manque qu'à celles qui viſent à contenter les oreilles. Pardonnons à deux cadences ſemblables, trop voiſines l'une de l'autre; à quelques fautes contre les régles de la compoſition, & ne pardonnons point à un chant froid, ou forcé ou ſans expreſſion, ni à une Muſique trop chargée d'agrémens, & pleine de richeſſes hors de ſaiſon. Tout cela eſt en pure perte. Les belles choſes ne le ſont plus, hors de leur place. La raiſon met les bienſéances, & les bienſéances mettent la perfection.

En troiſiéme lieu, la plus belle Muſique ſans contredit, eſt celle qui eſt également admirée du peuple, des connoiſſeurs & des ſçavans: enſuite j'eſtimerois plus ce qui eſt admiré generalement de tout le peuple.

Les ſçavans ſont des Maîtres de Muſique, ſouvent entêtés de régles. Le peuple eſt le grand nombre qui ne s'eſt point élevé à des connoiſſances particulieres, & qui n'a pour guide que le ſentiment natu-

naturel. Les connoiſſeurs ſont ceux qui ne ſont ni tout-à-fait peuple, ni tout-à-fait ſçavans; moitié l'un, moitié l'autre : tant ſoit peu moins ſçavans que peuple; c'eſt-à-dire, donnant tant ſoit peu moins aux Régles qu'au ſentiment naturel.

Tout bien conſideré, je crois pourtant que nous n'avons gueres de lumieres de notre experience, pour fixer le degré de mérite de ce que nous entendons; & le bien fixer, eſt le dernier point du bon goût.

Connoître un Air qui eſt bon ou mauvais, habileté mediocre ; connoître précisément combien un Air est bon ou mauvais, & dire, *celui-là est bon, mais celui-ci est encore meilleur ; celui-là est mauvais, mais celui-ci est encore pire* ; finesse suprême de discernement. Elle ne sera que le fruit d'un long usage ; & pour y arriver, il faut exercer le plus qu'il est possible, son exactitude & sa pénetration.

C'est pour cela qu'il faut s'accoûtumer à toûjours juger, à ne laisser passer aucun morceau de Musique, sans en former un jugement : à la fin notre jugement s'ouvrira.

Je ſuis perſuadé que quelque prétendu Erudit s'étonnera de me voir préferer l'approbation du peuple à celle des ſçavans. Vous avez tort, me dira-t-il ; étant Muſicien de profeſſion, vous êtes ſans doute, ou vous devez être ſçavant. *Sçavant vous-même*, lui répondrai-je du même ton que (*a*) Sganarelle répond, *Medecin vous-même.* Ne vous imaginez pas, Monſieur le Docteur, que je faſſe plus de cas des Airs de Pont-neuf, que de toute autre Muſique, parce qu'ils ſont chantés ge-

(*a*) Medecin malgré lui. Act. 1. Sc. 6.

neralement par toute la populace. C'eſt ce que vous n'oſez me dire; mais je vais vous répondre.

En matiere de Muſique, on diſtingue deux genres de peuple; l'un qu'on apelle le dernier peuple, qui ſont les Domeſtiques, les Garçons de boutique les Artiſans, les Porteurs de chaiſe, &c. qui écoutent les chanſons du Pont neuf, & ne vont point à l'Opera: l'autre, un peuple d'honnêtes gens, une multitude diſtinguée, qui fréquente les Spectacles, mais qui n'y portant point de connoiſſance des Régles, eſt peuple à cet égard,

& c'eſt de ce peuple-ci que j'ai entendu parler.

Cependant, quand je dirois que je compte l'aprobation du menu peuple pour quelque choſe, bien entendu pourtant, que ce ne ſeroit qu'à la ſuitte des ſuffrages de notre peuple d'honnêtes gens. Mais je ſoûtiendrai toûjours que ce qui emporte generalement l'admiration du peuple qui va à l'Opera, ſans emporter celle des ſçavans, eſt au deſſus de ce qui emporte celle des ſçavans, ſans toucher ce peuple-ci.

Outre les raiſons que j'en ai déja données, il y a encore

la jalousie de métier. Souvent cette seule jalousie suffit pour les porter à blâmer ce qui est bon, & à loüer ce qui est mauvais. Les sçavans, sur tout ceux qui ne sont que sçavans, ne se goûtent qu'à peine les uns les autres : conduite, expression, rien ne leur plaît. Ils substituënt à la place de ce qu'on montre, ce qu'ils auroient mis eux-mêmes en pareille occasion. Ils sont, dit l'Auteur des Caracteres, si pleins de leurs idées, qu'il n'y a plus de place pour celles des autres.

Le Peuple (j'entends celui des honnêtes gens) conduit

par la nature à laquelle il s'abandonne, s'entre-prêtant chacun ſes lumieres, ſe redreſſant l'un-l'autre, & prononçant ſelon un ſentiment commun & libre, eſt le grand Juge. Ce ſont plus d'oreilles & plus d'yeux ; la nature parle davantage & plus haut ; la verité ſort du milieu du Parterre, comme elle ſortoit autrefois de la multitude d'Athênes.

Après lui, je mets les Connoiſſeurs, & je les mets avant les ſçavans, parce qu'un Connoiſſeur eſt l'aſſemblage de ce qu'ont de bon les ſçavans & le peuple.

Enfin je place les ſçavans les derniers, parce que leur entêtement de Science, les petiteſſes de leur attachement aux Regles, les rendent ſouvent ſujets à des préventions fauſſes.

Quant aux demi-ſçavans qu'un Poëte du premier ordre apelle

Quard de-ſçavans, grands babillards.

ils ſont les plus mépriſables de tous les hommes.

Je reviens encore une fois aux Chanſons du Pont-neuf, pour faire connoître que ce que j'en penſe ne fait pas tout-à-fait tant de tort, qu'on pourroit croire, au peu de Goût que je puis avoir.

Si ces Chanſons, comme il s'en peut rencontrer quelquefois, ſont bonnes, la bonté eſt toûjours eſtimable, quelque part qu'elle ſe rencontre.

Il faut diſtinguer pourtant les Airs qui ſont nés ſur le Pont-neuf, & ceux qui ſont nés à l'Opera ou à la Cour. Les Airs de Pont-neuf mauvais, n'en deviennent pas meilleurs, pour paſſer dans la bouche de toute la canaille. On obſervera néanmoins que ceux qui ſe répandent univerſellement, ont quelque Harmonie ou quelque vivacité ; ceux qui ſont abſolument méchans, ne paſſent point le tour du Pont-neuf où ils ont commencé.

Pour les Airs des Opera, ou d'ailleurs, qui de la bouche des gens du monde paſſent dans celle de la populace, je ſoutiens que c'eſt une preuve ſûre de bonté, & voici pourquoi : c'eſt qu'il a fallu que ces Airs qui ont plû aux honnêtes gens, ayent été chantés bien long-tems & bien univerſellement, pour avoir été apris par ceux qui les aprochent, qui les ont apris à d'autres, d'où à la fin ils ſe ſont étendus aux Laquais

& aux Servantes. Il a fallu que leur extrême vogue n'ait ſçu être empêchée par les ſçavans; au lieu qu'un Air qui a commencé parmi la populace, & qui ne ſe répand que parmi la populace, n'a que l'aprobation de la populace, & le petit peuple de France fort different de celui d'Athênes, & qui ne va point aux Spectacles comme cet autre y alloit, n'a pas le ſentiment aſſez pur, pour mériter que ſon ſuffrage ſoit compté quand il eſt ſeul: qu'on le compte pour quelque choſe quand il viendra à la ſuite des autres, à la bonne heure, pour lors ce ſera une nouvelle preuve du dégré de beauté des ouvrages de Musique.

Enfin, pour se perfectionner le Goût, je crois qu'il faut écouter le raisonnement des sçavans, déferer aux sentimens des connoisseurs, & étudier les mouvemens du peuple.

Il reste encore une petite Régle. Comme avec tout ce que j'ai dit, nous ne serons pas si-tôt des juges sûrs; que nous pouvons nous tromper de tems en tems, nous nous ferons une habitude d'observer & d'éplucher nos méprises; nous éxaminerons quelquefois nos jugemens avec autant de rigueur que les ouvrages d'autrui ; nous remonterons jusqu'à la cause de notre méprise que nous trouverons ; & cette cause, nous la remarquerons nettement. Plus nous l'aurons bien remarquée, moins nous serons sujets à y retomber. L'utilité de cette pratique mene au bon Goût bien droit & bien vîte.

Quant aux moyens de conserver le bon Goût, ils sont les mêmes que ceux de l'acquerir ; ce sera la pratique assiduë des maximes ci-dessus, qui nous le conservera après l'avoir acquis.

Ne nous relâchons, ne nous négligeons point: toûjours attentifs aux Régles que j'ai dites, notre discernement se conservera, s'augmentera, & deviendra perçant & inébranlable. Remettons-nous souvent nos méprises devant les yeux; occupons-nous-en attentivement; faisons-nous-en honte à nous-mêmes; considerons le ridicule que nous nous serions attiré, si elles avoient été connuës. La méditation n'est pas flateuse, mais ce sera son amertume qui nous la rendra utile.

Si vous me demandez, après cela, à quelle marque

vous pourrez connoître que vous possedez le bon Goût ; je vous répondrai que votre demande est très-raisonnable. On doit être bien aise de pouvoir se flatter qu'on est parvenu à s'enraciner dans ce bon Goût si rare, puisque ce qu'il y a au monde de plus précieux, ce sont les Diamans & les Perles, après l'esprit de discernement, c'est-à-dire, le bon Goût. Cette douceur sera la récompense de nos soins, & c'est une douceur permise, pourvû qu'elle soit secrette, & qu'on ne la fasse pas éclatter par un air de suffisance & de présomption.

Quand donc vous verrez vos jugemens quadrer a la réputation du Compoſiteur, ſe rencontrer avec ceux des Muſiciens & des connoiſſeurs, & qu'ils ſeront confirmés par l'autorité du Public & du temps, dites que vous jugez bien.

La ſûreté du Goût paroît encore par des marques particulieres. Par exemple, de diſcerner le prix d'un Air indépendamment du prix des Paroles. Il faut ſentir le prix des Paroles, mais il ne faut pas qu'il nous impoſe.

Autre choſe. Diſcerner la bonté ou le mauvais d'une

Musique, d'avec le bien ou le mal de l'execution. J'estimerois fort le Goût d'une personne qui me diroit sûrement : *Cette Symphonie est belle, mais elle a été mal executée. Celle-ci a été bien executée, mais elle ne vaut rien.* Cette distinction délicate ne se fait point sentir sans une finesse de discernement peu commune, & je croirois que ce seroit le Chef-d'œuvre des Connoisseurs.

Je ne sçaurois trop le repeter ; nourrissez-vous de bonnes choses, c'est-à-dire, à n'executer que de la Musique reconnuë bonne d'un consentement general, comme de celle de Lully, de celle de nos bons Modernes, & des Airs choisis de plusieurs Compositeurs d'Italie, dont il en est grand nombre d'estimables, & principalement des Symphonies.

Que Lully sur tout, soit votre pain quotidien; admirez l'esprit qui brille dans ses Ouvrages; il se montre par tout; ses Chants ne vous disent-ils pas qu'il étoit capable de penser ce qu'il exprimoit? Quels Tons fins, vifs, délicats, & expressifs! C'est ce qui s'appelle retoucher la Peinture de la Poësie; c'est en renforcer les couleurs. La pratique, l'application, & l'étude font les Ouvriers, mais il n'y a que l'esprit qui fasse les excellens Ouvriers.

On connoît toute l'étenduë d'esprit d'un Auteur, à bien peindre :

Car la Musique doit ainsi que la Peinture,
Retracer à nos sens le vrai de la Nature.

& c'est en quoi excelle cet homme admirable.

(a) Dans les bornes du vrai, sans cesse different,
Son récitatif plaît, attendrit, ou surprend :
Sacrifices, Tombeaux, Enchantemens, Orages,
Tout nous trace chez lui de fidéles Images.

(a) Poëme sur la Musique.

J'avoüë qu'il n'a pas été jusqu'à faire de ces choses surnaturelles qu'on attribuë aux Anciens. Vous n'ignorez pas, sans doute, ce qu'on dit des effets surprenans de l'ancienne Musique. Que le Ton Lydien calmoit un Frénetique, & que le Phrygien animoit à tel point le courage qu'il donnoit de la valeur aux plus timides.

Plutarque raporte (*a*) qu'Antigenidas joüant sur sa Flute un Air de mouvement devant Alexandre, échauffa tellement le courage guerrier

---

(*a*) Traité de la fortune d'Alexandre.

de ce Prince, qu'il quitta la table pour courir aux Armes. Que Terpandre (*a*) avec sa Lire, apaisa une Sédition dans Lacedemone. D'autres ont dit qu'on guerissoit les malades en joüant d'un Instrument sur la partie affligée.

L'Ecriture, il est vrai, nous aprend que David (*b*) avec sa Harpe, chassa la noire mélancolie dont Saül étoit tourmenté : mais il y a grande difference entre la ma lade de l'esprit & les maux quii affligent le corps ; & d'ailleurs, qui doute que Dieu, quand il

(*a*) Pl. Traité de la Musique.
(*b*) Rois. l. 1. ch. 6.

lui plaît, ne puiſſe faire un Miracle ?

Quant aux autres faits, veritables ou non, je crois qu'il ſeroit toûjours très-avantageux aux hommes, de ſe propoſer un Point de perfection au de-là-même de leur portée : ils ne ſe mettroient jamais en chemin, s'ils croïoient n'arriver qu'où ils arriveront effectivement.

Toutes les Sciences ont leur chimere, après quoi elles courent ſans la pouvoir attraper ; mais elles attrapent en chemin des connoiſſances fort ſolides. La Chymie a ſa Pierre Philoſophale : la Geometrie, sa quadrature du Cercle: l'Astronomie, ses Longitudes, les Mécaniques, leur Mouvement perpetuel. Il est impossible de trouver tout cela, mais fort utile de le chercher.

De même, quoiqu'on ne soit pas encore bien convaincu des effets surnaturels qu'on dit que faisoit jadis la Musique, je pense qu'il est très-utile de travailler à y parvenir; cela met au moins en état d'en approcher. C'est ce qu'à fait Lully; sa Musique remuë puissamment le cœur, & plaît toûjours, quoiqu'on l'entende depuis fort long-temps

C'eſt le caractere des choſes excellentes, de ne perdre rien de leur prix à force d'être écoutées, & de plaire par le degré de perfection qu'elles ont, ſi elles ne plaiſent plus par la nouveauté.

On peut dire, à propos de lui, qu'il y a des Ouvriers, ou des habiles dont l'eſprit eſt auſſi vaſte que l'Art qu'ils profeſſent. Ils lui rendent avec avantage, par le genie & par l'invention, ce qu'ils tiennent de lui & de ſes Principes. Ils ſortent de l'Art pour l'ennoblir, s'écartent des Régles, ſi elles ne les conduiſent pas au grand & au ſublime.

Les

Les esprits communs, au contraire, demeurent dans l'étenduë de leur Sphere ; vont jusqu'à un certain point qui fait les bornes de leur capacité & de leurs lumieres. Ils ne vont pas plus loin, parce qu'ils ne voyent rien au delà.

Je ne sçaurois souffrir qu'un esprit de travers
Qui, rassemblant des Sons pense faire des Airs,
Se donne à composer, une peine inutile.

Tels Ouvriers travaillent (a) selon le talent qu'ils en ont reçû du Seigneur. Cependant rien n'est perdu ; leur Musique s'imprime & qui plus est, se débite.

(a) Roman Comique. T. 1.

O tems! O mœurs! qui pourra le comprendre!
Ils trouvent gens pour la vanter,
Un Imbecille pour la vendre,
Et des Sots pour l'executer.

Que ceux qui aiment leurs Ouvrages puissent haïr ceux de Lully; je ne leur souhaite pas une autre punition.

Je finis, Madame, en récapitulant tout ce que j'ai déja dit. S'accoûtumer à juger en écoutant le sentiment naturel, & en l'affermissant par les petites & grandes Régles: prendre garde, après avoir jugé, à la réputation des Compositeurs: n'asseoir tout-à-fait ses jugemens, qu'à la troisiéme ou quatriéme fois qu'on aura entendu les choſes : joindre le Jugement de Comparaiſon à celui de Raiſonnement : étudier à l'Opera les Mouvemens des Spectateurs, & laiſſer confirmer les jugemens du Public & les ſiens, par les Arrêts du Tems.

Je ne doute point que je n'aye obmis bien des choſes ſur ce petit Eſſai. Je ſuis perſuadé qu'il en reſte encore quantité d'excellentes à dire ſur ce Sujet. Je ſouhaite de tout mon cœur, qu'un plus habile & plus éclairé que moi, augmente & perfectionne l'Ouvrage. Bien loin d'en être jaloux, je ferai le premier à tâcher d'en profiter.

FIN.

APPROBATION.

J'AY lû par ordre de Monseigneur le Garde des Sceaux, cet *Essai sur le Bon Goût en Musique*; & n'y ai rien trouvé qui en doive empêcher l'impression. Fait à Paris ce 2 Decembre 1731.

Signé, FONTENELLE.

PRIVILEGE DU ROY.

LOUIS, par la grace de Dieu, Roi de France & de Navarre : A nos amez & feaux Conseillers les Gens tenans nos Cours de Parlement, Maîtres des Requêtes ordinaires de notre Hôtel, Grand Conseil, Prevôt de Paris, Baillifs, Senechaux, leurs Lieutenans Civils, & autres nos Justiciers qu'il appartiendra, SALUT. Notre bien amé PIERRE PRAULT, Libraire-Imprimeur à Paris, Nous ayant fait supplier de lui accorder nos Lettres de Permission pour l'impression d'un Manuscrit qui a pour Titre, *Essai sur le Bon Goût en Musi-*

que, par le Sieur Grandval ; offrant pour cet effet de le faire imprimer en bon papier & beaux caracteres, suivant la feüille imprimée & attachée pour modele sous le Contre-scel des Presentes. Nous lui avons permis & permettons par ces Presentes de faire imprimer ledit Livre cy-dessus specifié, conjointement ou separément, & autant de fois que bon lui semblera, & de le vendre, faire vendre & débiter par tout notre Royaume pendant le tems de trois années consecutives, à compter du jour de la datte desdites Presentes ; Faisons défenses à tous Libraires, Imprimeurs, & autres personnes de quelque qualité & condition qu'elles soient, d'en introduire d'impression étrangere dans aucun lieu de notre obéïssance ; à la charge que ces Presentes seront enregistrées tout au long sur le Registre de la Communauté des Imprimeurs & Libraires de Paris, dans trois mois de la datte d'icelles ; que l'impression dudit Livre sera faite dans notre Royaume, & non ailleurs ; & que l'Impetrant se conformera en tout aux Reglemens de la Librairie, & notamment à celui du 10 Avril 1725 ; & qu'avant que de l'expoſer en vente, le Manuſcrit ou Imprimé qui aura ſervi de copie à l'Impreſſion dudit Livre, ſera remis dans le même état où l'Approbation y aura été donnée, ès mains de notre très-cher & Féal Chevalier Garde des Sceaux de France, le Sieur Chauvelin ; & qu'il en ſera enſuite remis deux Exemplaires dans notre Bibliotheque publique, un dans celle de notre Château du Louvre & un dans celle de notre très-cher & feal Chevalier, Garde des Sceaux de France le Sieur Chauvelin, le tout à peine de nullité des Preſentes ; du contenu deſquelles vous mandons & enjoignons de faire joüir l'Expoſant ou ſes ayans cauſe pleinement & paiſiblement, ſans ſouffrir qu'il leur ſoit fait aucun trouble ou empêchement. Voulons qu'à la copie deſdites Preſentes, qui ſera imprimée tout au long au commencement ou à la fin dudit Livre, foi ſoit ajoûtée comme à l'Original ; Commandons au premier notre Huiſſier ou Sergent ſur ce requis, de faire pour l'execution d'icelles, tous Actes requis & neceſſaires, ſans demander autre permiſſion, & nonobſtant Clameur de Haro, Charte Normande & Lettres à ce contraires : CAR tel eſt nore plaiſir. DONNE' à Verſailles le douziéme jour du mois d'Avril, l'an de grace mil ſept cens trente-deux ; & de notre Regne le dix-ſeptiéme. Par le Roy en ſon Conſeil. *Signé*, SAINSON.

Regiſtré ſur le Regiſtre VIII. de la Chambre Royale des Libraires & Imprimeurs de Paris, *N*°. 341. *F*°. 328. *conformément aux anciens Reglemens*, *confirmés par celui du* 28. *Fevrier* 1723. *A Paris le* 14. *Avril* 1732.

Signé, P. A. LE MERCIER, *Syndic*.

Le Vice Puni, *ou* Cartouche, Poëme, du même Auteur, se vend dans la même Boutique.

www.ingramcontent.com/pod-product-compliance
Ingram Content Group UK Ltd.
Pitfield, Milton Keynes, MK11 3LW, UK
UKHW020346180726
13839UKWH00002B/946